AF278277

CON **SUMA Y SIGUE...**

Entrénate para las pruebas de diagnóstico.

Repasa para superar el curso.

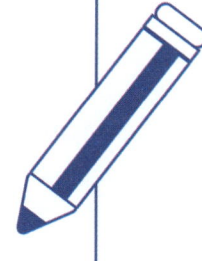

Descubre cómo te acompañan las matemáticas en tu día a día.

¡Convierte las matemáticas en tus aliadas!

Este cuaderno pertenece a: ....

....

Bruño

1 Leire tiene 15,6 € y compra 3 libros que cuestan 4,75 € cada uno. Le aplican un descuento de 2 €. ¿Cuánto le quedará después de la compra y del descuento?

Respuesta: _____

2 Iker compra 4 linternas para el campamento que cuestan 2,40 € cada una. Si paga con un billete de 20 €, ¿cuánto cambio recibirá?

Respuesta: _____

3 María tiene 25,8 € y compra una mochila por 12,50 € y un estuche por 7,30 €. ¿Cuánto dinero le quedará después de la compra?

Respuesta: _____

4 Pedro tiene 10,4 L de pintura y decide repartirlo en 4 cubos iguales. ¿Cuántos litros habrá en cada cubo?

Respuesta: _____

5 Sofía compra 5 cajas de lápices que cuestan 3,20 € cada una. Luego, encuentra un cupón de descuento de 5 €. ¿Cuánto pagará en total?

Respuesta: _____

6 Luis tiene 45,6 g de azúcar y usa 12,75 g para una receta. ¿Cuánto azúcar le quedará?

Respuesta: _____

7 En la fábrica de harina tienen que repartir 24,9 kg de harina en 6 sacos distintos. ¿Cuántos kilos de harina habrá en cada saco?

Respuesta: _____

8 Lucas tiene 30,5 € y compra 3 juguetes para su perro por 5,60 € cada uno. ¿Cuánto le quedará después de la compra?

Respuesta: _____

9 Ana tiene 19,75 € y compra una camiseta por 7,50 € y un gorro por 5,25 €. ¿Cuánto dinero tendrá después de la compra?

Respuesta: _____

10 Diego compra 6 entradas para visitar un castillo que cuestan 2,85 € cada una. Si paga con un billete de 20 €, ¿cuánto cambio recibirá?

Respuesta: _____

11 Alejandra está preparando una receta que requiere 2,5 L de leche. Sin embargo, su jarra de medir solo tiene marcas en mililitros. ¿Cuántos mililitros de leche necesita Alejandra para su receta?

Respuesta: _____

12 Ángel compra 3 cajas de pinturas que cuestan 4,50 € cada una, con un descuento de 3 €. ¿Cuánto pagará después del descuento?

Respuesta: _____

1 Lucas quiere comprar un ordenador portátil que cuesta 1595 €.
Si pide un préstamo de 1000 € y su madre le da 320 €, ¿cuánto le falta?

Respuesta: _____

2 Carmen compra 2 guías de viajes por 21,95 € cada una y paga
con un billete de 50 €. ¿Cuánto le devolverán?

Respuesta: _____

3 Una inmobiliaria quiere vender un apartamento por 254 320 €,
el triple de lo que costaba hace unos años. ¿Cuánto costaba antes?

Respuesta: _____

4 Una fábrica de refrescos debe envasar 15 L en botellas de 1,5 L cada
una. Si llena 4 botellas, ¿cuántos litros le sobran? ¿Cuántas botellas
más puede llenar con lo que sobra?

Respuesta: _____

5 Eva compra 7 paquetes de papel que cuestan 9,50 € cada uno, pero
cada paquete tiene un descuento de 1,75 €. ¿Cuánto pagará en total?

Respuesta: _____

6 Zaira se compró una tableta que tiempo después vendió por 220 €,
por lo que perdió 179 €. ¿Cuánto le costó la tableta?

Respuesta: _____

7 Yara quiere vender 2 mochilas por 8,75 € cada una y dos libros por 10 € cada uno, para comprarse unas deportivas que cuestan 60,95 €. ¿Cuánto dinero le falta?

Respuesta: _____

8 Nilo compró 4 helados para sus amigos que costaron 2,34 € cada uno. Si pagó con un billete de 10 €, ¿cuánto cambio recibió?

Respuesta: _____

9 Nerea tiene 18,6 € y compra 5 bolígrafos por 2,35 € cada uno. ¿Cuánto le quedará después de la compra?

Respuesta: _____

10 Para reforestar un bosque, hay que plantar 150 árboles. Cada uno cuesta 3,75 €. Además, hay un coste adicional de 50 € por su transporte y 25 € por la mano de obra. Si el Gobierno ofrece una ayuda de 10 € por cada 50 árboles plantados, ¿cuánto costará en total reforestar el bosque?

Respuesta: _____

11 Gael tiene 80,2 g de pasta y necesita 15,75 g para hacer su receta de pasta boloñesa. ¿Cuánta pasta le sobrará?

Respuesta: _____

12 Sofía ha comprado 6 imanes para la nevera que cuestan 4,20 € cada uno y pagó con un billete de 50 €. ¿Cuánto le devolvieron?

Respuesta: _____

Pan
Arroz
Tomates

¡NO MALGASTES EL AGUA!

Cuidar el agua es nuestra misión, así que cierra el grifo mientras te lavas los dientes. ¡Cada gota cuenta!

1 Un grifo de casa tiene un caudal de 15 litros por minuto. Si se deja abierto durante media hora, ¿cuántos litros de agua se desperdiciarán? **Rodea** la respuesta correcta.

400 L	450 L	500 L	550 L

2 De media, una familia de 4 personas consume 532 litros de agua al día. ¿Cuántos litros de agua consume cada miembro de la familia? **Señala** la respuesta correcta.

150 L ☐   223 L ☐   142 L ☐   133 L ☐

3 En una familia hay dos hermanos, que al día consumen diferente cantidad de agua:

	Ducha	Cisterna	Lavarse los dientes	Consumo
Álvaro	80 L	36 L	20 L	3 L
Pablo	60 L	48 L	20 L	2 L

Señala si es verdadero o falso.

	Verdadero	Falso
Gastan la misma cantidad de agua al lavarse los dientes.		
Álvaro gasta más en la ducha.		
Pablo bebe más agua que Álvaro.		
Álvaro gasta 139 L.		
Entre los dos gastan 269 L.		
En total, Pablo gasta más agua que Álvaro.		

4 Ayer, en casa de Álvaro y Pablo, cortaron el agua y tuvieron que ir a comprar botellas. Compraron 17 botellas de 5 L cada una. En un día y entre los cuatro miembros de la familia, gastaron 45 L. ¿Cuántos litros de agua tienen para cada uno hoy? **Rodea** la respuesta correcta.

10 L	No queda
40 L	15 L

5 La avería no se ha reparado y tienen que ir a comprar más botellas de agua. Cada botella cuesta 1,35 € y han comprado 23 botellas. ¿Cuánto han pagado en total? **Señala** la respuesta correcta.

36,25 € ☐   31 € ☐   20 € ☐   31,05 € ☐

6 Álvaro quiere calcular cuántas botellas de plástico ha reciclado su familia para concienciar sobre el uso de plásticos. Han recolectado 40 L en total. Si cada botella es de 5 L, ¿cuántas botellas han reciclado? **Rodea** la respuesta correcta.

3 botellas	4 botellas	5 botellas	8 botellas

7 Para compensar la avería en la factura, les han aplicado un descuento de 21,56 €. La factura inicial era de 81,80 € sin rebaja. Si en casa son 4 personas, ¿cuánto ha gastado cada una este mes?

Respuesta: _____

FICHA **4**

1 La pastelería para celiacos de Hugo vende todos los días 75 barras de pan y 89 *cupcakes*. Si cada barra de pan cuesta 1,25 € y cada *cupcake* 2,75 €, ¿cuánto ganará en una semana?

Respuesta: _____

2 Una empresa que produce caldo de pollo tiene que envasar 0,405 hL en botellas de 0,75 L. ¿Cuántas botellas necesitará?

Respuesta: _____

3 Para un proyecto artístico, Almudena ha comprado 3 paquetes de arcilla que cuestan 5,35 € cada uno. Ha pagado en total 14,05 €. ¿Qué descuento le han aplicado?

Respuesta: _____

4 Elsa ha invitado a varios amigos a tomar café a su casa. Tiene 72,5 g de café y usa 20,3 g. ¿Cuántos gramos de café le quedarán?

Respuesta: _____

5 Andrés y Rafa compran entre los dos 4 cómics por 14,95 € cada uno. Si Rafa paga 25,75 €, ¿cuánto tiene que pagar Andrés?

Respuesta: _____

6 Paloma compra para la biblioteca 3 libros que cuestan 12,69 € cada uno. Si tiene 85,4 €, ¿cuánto le quedará después de la compra?

Respuesta: _____

7 ¿Cuántos peluches puede comprar Noah con 52,5 € si cada uno cuesta 7,20 €? ¿Cuánto dinero le sobrará?

Respuesta: _____

8 Noemí compra 5 botellas de aceite que cuestan 9,62 € cada una. Si paga con un billete de 50 €, ¿cuánto cambio recibirá?

Respuesta: _____

9 Pol coge el coche todos los días para ir a trabajar. Si al día consume 6,5 litros de gasolina, ¿cuántos litros consumirá en 30 días?

Respuesta: _____

10 Para hacer queso, Paola tiene 32,8 L de leche. Si quiere hacer 4 quesos, ¿cuántos litros de leche usará para cada queso?

Respuesta: _____

11 Tania compra 6 paquetes de cromos que cuestan 2,13 € cada uno. Le aplican un descuento de 5 €. ¿Cuánto pagará en total?

Respuesta: _____

12 Berta tiene 25,3 € y compra una caja de chocolatinas por 9,80 € y una botella de agua por 2,25 €. ¿Cuánto dinero le quedará?

Respuesta: _____

1 Óscar compra 3 cómics por 25,95 € cada uno y paga con cuatro billetes de 20 €. ¿Cuánto cambio recibirá?

Respuesta: _____

2 Leo va a preparar un bizcocho y la receta le indica que necesita 125 g. Sin embargo, solo tiene 50,7 g de harina, ¿cuántos gramos le faltan?

Respuesta: _____

3 La dueña de una librería compra a la editorial 5 libros por 7,98 € cada uno. Si tiene 60,5 €, ¿cuánto dinero le quedará después de la compra?

Respuesta: _____

4 En una almazara se han producido 804,4 L de aceite y se quiere repartir en 80 botellas iguales. ¿Cuántos litros habrá en cada botella?

Respuesta: _____

5 Alba compra en el supermercado 3 paquetes de yogures por 4,34 € cada uno y en caja le aplican un descuento de 5,45 €. ¿Cuánto pagará en total?

Respuesta: _____

6 Martín se va de excursión y compra un billete de tren que le cuesta 5,75 €, una entrada para un museo que vale 8 €, y un bocadillo que cuesta 6,75 €. Si Martín tenía 25 € en total, ¿cuánto dinero le quedará?

Respuesta: _____

7 Rosa se prepara para ir de *camping* y compra 2 tiendas de campaña blancas por 50,99 € cada una, 3 sacos de dormir azules por 30,99 € cada uno y 1 mochila rosa por 25,99 €. ¿Cuánto dinero se ha gastado?

Respuesta: _____

8 Ana compra 5 frascos de colonia que cuestan 3,24 € cada uno. Si paga con un billete de 20 €, ¿cuánto cambio recibirá?

Respuesta: _____

9 Para comprar 4 videojuegos a 25,95 € cada uno y una expansión, Azucena tiene 155 €. Si le devuelven 23,20 €, ¿cuánto cuesta la expansión?

Respuesta: _____

10 Manuel tiene 18,5 g de lentejas y usa 8,85 g para una receta. ¿Cuántos gramos de lentejas le quedarán?

Respuesta: _____

11 Mar compra 3 paquetes de gomas por 2,68 € cada uno. Luego, recibe un descuento de 1,54 €. ¿Cuánto pagará después del descuento?

Respuesta: _____

12 Almu tiene 45,8 € y compra 3 revistas por 8,97 € cada una. ¿Cuánto le quedará después de la compra?

Respuesta: _____

¿QUÉ HACEMOS HOY?

A Mario le encanta ir a hacer la compra. Además de ayudar a su familia, aprovecha para mejorar su cálculo mental mientras llena la cesta.

1 A Mario le gusta la fruta así que compra 2,5 kg de manzanas a 1,20 € el kg y 3,5 kg de peras a 1,50 € el kg. ¿Cuánto gastará en total?

Respuesta: _____

2 Su madre le pide que compre 1,8 L de leche a 0,90 € el litro y 2,4 L de zumo a 1,25 € el litro. Luego, se da cuenta de que necesita más zumo y compra 0,6 L adicionales. ¿Cuánto pagará en total?

Respuesta: _____

3 Sus amigos van a merendar, así que compra 6,8 kg de naranjas por 10,25 € y 4 kg de plátanos por 6,75 €. Le aplican un descuento de 2,50 € en su compra. Si divide el total entre 3 amigos, ¿cuánto debe pagar cada uno?

Respuesta: _____

4 Una vez a la semana va con sus abuelos al supermercado. Compran 12 L de aceite a 7,75 €/L y 8 L de vinagre a 0,99 €/L. Luego, aplican un cupón de descuento de 3,50 €. ¿Cuánto pagarán?

Respuesta: _____

5 Mario compra 3 paquetes de queso por 2,75 € cada uno, 4 paquetes de jamón por 3,25 € cada uno y una botella de leche por 1,50 €. ¿Cuánto le costará todo?

Respuesta: _____

6 Se encuentra con su amiga Laura, que compra 2,5 kg de tomates a 1,80 €/kg, 3,6 kg de zanahorias a 1,20 €/kg y un paquete de galletas por 2,50 €. ¿Cuánto se gastará en total?

Respuesta: _____

7 Para ayudar en una recolecta, Mario compra 3,2 kg de arroz a 0,85 €/kg y 2,6 kg de judías blancas a 1,10 €/kg. ¿Cuánto se gastará en total?

Respuesta: _____

8 Este fin de semana hay barbacoa y la familia de Mario se encarga de la carne. Compran 4,5 kg de pollo a 3,20 €/kg y 2,75 kg de carne de vacuno a 5,40 €/kg. ¿Cuánto pagarán en total?

Respuesta: _____

9 En el colegio es el Día de Italia y Mario y sus amigos compran 5,4 kg de pasta por 8,10 € y 3,2 kg de queso por 2,80 €. Usan un cupón de 1,50 €. Si se reparte el coste entre 8 amigos, ¿cuánto pagará cada uno?

Respuesta: _____

10 Se ha terminado el detergente y el padre de Mario le manda a la tienda. Compra 9,5 L de detergente a 1,70 €/L y 3,8 L de suavizante a 1,30 €/L. Recibe un descuento de 2,75 €. ¿Cuánto pagará en total?

Respuesta: _____

11 Mario desayuna cereales. Si compra 5 cajas de cereales por 2,20 € cada una y 2 botellas de leche por 1,75 € cada una, y añade una barra de pan por 1,10 €, ¿cuánto se gastará en total?

Respuesta: _____

12 Marcos, amigo de Mario, lleva zumos a clase para repartir entre los compañeros. Compra 4,3 L de zumo de naranja a 2,30 €/L y 2,8 L de jugo de manzana a 1,90 €/L. Después, añade una barra de chocolate que cuesta 1,75 €. ¿Cuánto pagará en total?

Respuesta: _____

1 Daniel tiene 22,5 kg de arroz y quiere repartirlo en 5 bolsas iguales para venderlas. ¿Cuántos kilos habrá en cada bolsa?

Respuesta: _____

2 Leo compra 4 entradas de cine por 3,80 € cada una. Si paga con un billete de 50 €, ¿cuánto le devolverán?

Respuesta: _____

3 Julia tiene 35,6 € y compra 6 cuadernos a 2,45 € cada uno. ¿Cuánto dinero le quedará tras la compra?

Respuesta: _____

4 Carla compra 2 trajes de baño para sus vacaciones de verano por 12,74 € cada uno y paga con un billete de 50 €. ¿Cuánto cambio le devolverán?

Respuesta: _____

5 Mario tiene 65,4 € y decide comprar 4 juegos de mesa por 10,35 € cada uno. ¿Cuánto dinero le quedará después de la compra?

Respuesta: _____

6 David compra 7 paquetes de pegatinas a 2,90 € cada uno. Le aplican un descuento de 3 €. ¿Cuánto pagará después del descuento?

Respuesta: _____

7 Sara tiene 80,9 € y compra 5 entradas de un parque temático por 9,50 € cada una. ¿Cuánto dinero le quedará después de comprarlas?

Respuesta: _____

8 Carmen tiene 20,4 € y compra 3 juegos de cartas a 4,25 € cada uno. ¿Cuánto dinero le quedará después de la compra?

Respuesta: _____

9 Diego compra 6 sacos de arena para su gato que cuestan 2,83 € cada uno. Si paga con un billete de 20 €, ¿cuánto cambio le devolverán?

Respuesta: _____

10 Marcos tiene 25,8 g de especias y usa 7,49 g para hacer un adobo. ¿Cuántos gramos le sobrarán?

Respuesta: _____

11 Olivia tiene un disco duro de 500 GB. Guarda 120 vídeos de 2,75 GB cada uno y 200 archivos de 1,2 GB cada uno. ¿Cuántos GB le quedarán?

Respuesta: _____

12 Aitana quiere repartir 98,4 L de agua en 8 recipientes iguales para su huerto. ¿Cuántos litros habrá en cada recipiente?

Respuesta: _____

1 Javier tiene 14,5 € y compra 3 helados por 3,14 € cada uno. ¿Cuánto dinero le quedará después de la compra?

Respuesta: _____

2 Inés tiene 26,7 g de café molido y usa 10,57 g para preparar varias tazas. ¿Cuántos gramos le sobrarán?

Respuesta: _____

3 Blanca compra 2 paquetes de globos que cuestan 5,45 € cada uno y paga con un billete de 20 €. ¿Cuánto cambio le devolverán?

Respuesta: _____

4 Clara tiene 47,3 € y compra 3 juegos de construcción a 12,26 € cada uno. ¿Cuánto dinero tendrá después de la compra?

Respuesta: _____

5 Jaime compra 5 paquetes de aceitunas por 2,38 € cada uno. Luego, recibe un descuento de 1,54 €. ¿Cuánto pagará después del descuento?

Respuesta: _____

6 Santiago tiene 109,6 € y compra 6 entradas para un concierto por 15,15 € cada una. ¿Cuánto dinero le sobrará?

Respuesta: _____

7 Pablo tiene 66,08 L de refresco y quiere repartirlos en 7 botellas iguales para una fiesta. ¿Cuántos litros habrá en cada botella?

Respuesta: _____

8 Lucía compra 3 paquetes de servilletas desechables para un pícnic, a 4,16 € cada uno. Si paga con un billete de 20 €, ¿cuánto cambio le devolverán?

Respuesta: _____

9 Jorge tiene 27,5 € y compra 4 botellas de aceite de oliva a 2,62 € cada una. ¿Cuánto dinero le quedará después de la compra?

Respuesta: _____

10 Alicia compra 5 cajas de chocolates por 3,43 € cada una. Luego, recibe un descuento de 5,25 €. ¿Cuánto pagará después del descuento?

Respuesta: _____

11 Andrea tiene 50,23 g de atún y usa 17,35 g para una receta. ¿Cuántos gramos le quedarán?

Respuesta: _____

12 Samuel tiene 30,6 € y compra 4 carpetas por 2,63 € cada uno. ¿Cuánto tendrá después de la compra?

Respuesta: _____

MISIÓN: CONSUMO RESPONSABLE

Aprende a ahorrar, comprar bien y ser responsable con tu dinero.

1 Marina ha estado ahorrando dinero para comprarse sus cómics favoritos e investigó que cómics realmente quería. El precio total de una colección de 12 cómics es de 92 € y los cómics por separado cuestan 8,50 € cada uno. ¿Cuánto se ha ahorrado? **Rodea** la respuesta correcta.

| 1 € | 4,5 € | 8 € | 10 € |

2 Para ganar ese dinero, decidió cooperar con los vecinos y realizar algunas tareas durante una semana. ¿Cuánto tiempo estuvo ayudando?

	Tiempo
Realizar recados en la compra.	2 horas y 15 minutos
Sacar a pasear a los perros.	5 horas
Bajar la basura.	45 minutos

Señala la respuesta correcta.

400 minutos ☐   450 minutos ☐   480 minutos ☐   500 minutos ☐

3 Cada vez que realizó una tarea le pagaron 5,25 €. Si cada estrella representa el pago de la tarea, ¿cuánto ha ahorrado esa semana?

Lunes	Martes	Miércoles	Jueves	Viernes
⭐⭐⭐⭐	⭐⭐	⭐⭐⭐⭐	⭐⭐⭐⭐⭐⭐	⭐⭐⭐

Rodea la respuesta correcta.

| 91,50 € | 94,25 € | 99,75 € | 102,25 € |

4 Marina se ha propuesto leerse los cómics en 24 días. Si cada cómic tiene 100 páginas y la colección contiene 12 cómics, ¿cuántas páginas tiene que leerse al día? **Señala** la respuesta correcta.

20 páginas ☐   24 páginas ☐   50 páginas ☐   100 páginas ☐

5 Marina ha decidido vender algunos de sus cómics antiguos para obtener dinero y poder comprar los nuevos que tanto desea. Tiene 10 cómics antiguos en total y decide vender 5 de ellos a 4 € cada uno.

Además, ha ahorrado 7,75 € de su semana de trabajos. Si logra vender los cómics, tendrá un total de dinero suficiente para comprar un nuevo cómic que cuesta 25 €. **Señala** si es verdadero o falso.

	Verdadero	Falso
Marina vende los 10 cómics antiguos que tiene.		
Marina obtendrá 20 € si vende 5 cómics a 4 € cada uno.		
Después de comprarse el nuevo cómic, le sobrarán 7 €.		
Tras su semana de trabajo y la compra de la colección de 12 cómics, a Marina le han sobrado 5,25 €.		
Después de vender los cómics, Marina tendrá suficiente dinero para comprar un nuevo cómic que cuesta 25 €.		

6 Después de comprar el nuevo cómic, Marina se da cuenta de que le sobran 2,75 €. Decide comprar una caja para guardar sus cómics nuevos que cuesta 11,95 €. ¿Cuánto dinero le sobrará?

Respuesta: _____

1 Javier compra 6 entradas para el acuario, cada una por 4,95 €. Al llegar, compra una guía por 3,75 €. Si paga todo con 50 €, ¿cuánto dinero le devolverán?

Respuesta: _____

2 Alba tiene 36,5 €, compra 5 bocadillos a 6,25 € cada uno y una botella de agua por 1,50 €. ¿Cuánto dinero le quedará?

Respuesta: _____

3 Claudia ha preparado 76,3 L de limonada para llenar 5 jarras para una fiesta. Cada jarra solo contiene 15 L, por lo que el excedente lo guarda en botellas. ¿Cuántos litros le sobran?

Respuesta: _____

4 Tomás tiene 15,3 € y compra 2 plantas de 7,55 € cada una. Luego, quiere comprar una maceta de 5 €. ¿Cuánto dinero le faltará?

Respuesta: _____

5 Pedro compra 3 cajas de pinturas que cuestan 4,84 € cada una. Luego, recibe un descuento de 3,75 €. ¿Cuánto pagará después del descuento?

Respuesta: _____

6 Sofía tiene 12,3 g de cacao y usa 6,82 g para hacer una tarta y 2 g para decorar. ¿Cuánto cacao le quedará?

Respuesta: _____

7 María compra 4 paquetes de magdalenas por 2,85 € cada uno y paga con un billete de 20 €. ¿Cuánto cambio recibirá?

Respuesta: _____

8 Mario tiene 55,6 € y compra 3 entradas para el museo por 9,75 € cada una. También paga por una audioguía que cuesta 5,20 €. ¿Cuánto dinero le quedará después de ambas compras?

Respuesta: _____

9 Hugo tiene 19,7 € y compra 2 balones por 6,90 € cada uno. ¿Cuánto le quedará después de la compra?

Respuesta: _____

10 Alicia compra 5 cajas de chocolates por 3,43 € cada una. Luego, recibe un descuento de 5,25 €. ¿Cuánto pagará después del descuento?

Respuesta: _____

11 Lucía compra 8 paquetes de cereales a 2,35 € cada uno y un zumo por 1,50 €. Luego, obtiene un descuento de 4 € en su compra. ¿Cuánto pagará después del descuento?

Respuesta: _____

12 Dani tiene 41,8 L de agua para su jardín y quiere llenar 5 regaderas iguales. Si decide dejar 5 L en reserva, ¿cuántos litros podrá poner en cada regadera?

Respuesta: _____

1 Sofía tiene 32,4 € y compra 4 sets de pinceles a 2,55 € cada uno. Luego, decide comprar una caja de acuarelas por 3 €. ¿Cuánto dinero le quedará?

Respuesta: _____

2 Diego tiene 28,7 g de canela y usa 12,84 g para preparar una mezcla de especias de curry. Luego, añade 3 g más para otra receta. ¿Cuántos gramos de canela le sobrará?

Respuesta: _____

3 Lucía quiere repartir 24,5 L de jabón en 5 recipientes. Si reserva 2 L para otra ocasión, ¿cuántos litros de jabón habrá en cada recipiente?

Respuesta: _____

4 Laura compra 2 bolsos por 19,68 € cada uno y una cartera por 3 €. Si paga con un billete de 50 €, ¿cuánto le devolverán?

Respuesta: _____

5 Lola compra 3 bolsas de semillas autóctonas que cuestan 3,95 € cada una y una pala de jardín de 2 €. Si paga con un billete de 20 €, ¿cuánto cambio recibirá?

Respuesta: _____

6 Elena tiene 18,5 € y compra 4 refrescos por 2,25 € cada uno. Luego, compra un aperitivo de 0,50 €. ¿Cuánto le quedará?

Respuesta: _____

7 Raúl tiene 43,6 € y compra 4 entradas de cine por 9,75 € cada una. También compra unas palomitas por 2 €. ¿Cuánto dinero le quedará?

Respuesta: _____

8 Ana tiene 20,9 € y compra 5 estuches por 3,45 € cada uno. ¿Cuánto le sobrará después de la compra?

Respuesta: _____

9 Daniel compra 6 cuadernos a 2,82 € cada uno y un estuche por 3 €. Si paga con un billete de 20 €, ¿cuánto cambio recibirá?

Respuesta: _____

10 Lucas está preparando varias recetas y tiene 304,63 g de harina. Usa 125,4 g para hacer pan y 15,87 g para un pastel. ¿Cuánta harina le queda?

Respuesta: _____

11 Alba compra 7 botellas de bebida de avena que cuestan 3,46 € cada una. Luego, recibe un descuento de 2,83 €. ¿Cuánto pagará después del descuento?

Respuesta: _____

12 Adolfo tiene 62,4 € y compra 4 camisetas por 12,35 € cada una. ¿Cuánto le quedará después de la compra?

Respuesta: _____

¿QUÉ HACEMOS HOY?

Luisa y su clase organizan el viaje de fin de curso.

1 Alquilan un autobús por 1 250 € para 30 alumnos y alumnas.
Si después se suman 5 más, ¿cuánto pagará cada uno si el coste
se divide entre todos?

Respuesta: _____

2 Luisa para sacar dinero para el viaje, compró 20 cajas de galletas
por 3,25 € cada una, que luego vendió a 5 €. ¿Cuánto dinero ganó?

Respuesta: _____

3 El alojamiento costó 1 650 €, pero un patrocinador se ofrece a cubrir
200 €. Si el coste se divide entre 35 alumnos, ¿cuánto pagará
cada uno?

Respuesta: _____

4 El coste total del autobús y del alojamiento es de 2 700 €. ¿Cuánto
deberá pagar cada estudiante si hay 35 estudiantes en total?

Respuesta: _____

5 Tienen presupuestado gastar 283,20 € en entradas a museos y visitas.
Si les sobró 13,50 €, ¿cuánto se gastó en total cada alumno, si eran 35?

Respuesta: _____

6 Luisa y unos amigos visitan un parque de atracciones y compran
6 entradas por 18,50 € cada una, 6 entradas a la casa del terror por 12 €
cada una y un mapa por 5 €. ¿Cuánto se gastarán en total?

Respuesta: _____

7 Luisa se encargaba de comprar los bocadillos para el viaje. Compró 35 bocadillos a 4,20 € cada uno. Luego, compró 35 botellas de agua a 1,50 € cada una. ¿Cuánto se gastó en total?

Respuesta: _____

8 Durante el viaje, cada alumno pagó 45,30 € extra para coger el tren y 23,50 € por la entrada al parque acuático. Si hay 35 alumnos, ¿cuánto se gastaron todos los alumnos?

Respuesta: _____

9 Compraron 35 camisetas por 12,50 € cada una. Si, después, gastaron 100 € en regalos, ¿cuánto aportó cada alumno si eran 35?

Respuesta: _____

10 Para el viaje de vuelta, cada alumno gastó 5,50 € en aperitivos, 1,20 € en bebida y 12,50 € en un bocadillo. ¿Cuánto gastaron en total si eran 35?

Respuesta: _____

11 A mitad de viaje, pararon para visitar un acueducto romano que tiene una longitud de 800 m con pilares separados cada 6,4 m. ¿Cuántos pilares tiene el acueducto?

Respuesta: _____

12 El presupuesto de cada familia fue de 250 €. Si se gastaron 6 962,13 € entre los 35 alumnos, ¿cuánto se devolvió a cada familia?

Respuesta: _____

1 Carlos tiene 30,5 L de pintura azul y decide repartirlo en 6 cubos iguales para pintar su habitación. ¿Cuántos litros habrá en cada cubo?

Respuesta: _____

2 Juan compra 2 cajas de chocolatinas que cuestan 7,90 € cada una y paga con un billete de 20 €. ¿Cuánto cambio recibirá?

Respuesta: _____

3 Nuria tiene 45,3 € y compra 6 tijeras por 5,64 € cada una. ¿Cuánto le quedará después de la compra?

Respuesta: _____

4 Clara compra 8 paquetes de lápices por 2,20 € cada uno. Luego, recibe un descuento de 5,35 €. ¿Cuánto pagará?

Respuesta: _____

5 Javier tiene 18,4 € y compra 2 toallas de playa por 7,25 € cada una. ¿Cuánto le quedará después de la compra?

Respuesta: _____

6 Ricardo tiene 55,9 € y compra 4 paquetes de pinzas de tender que cuestan 5,15 € cada uno. ¿Cuánto le sobrará después de la compra?

Respuesta: _____

7 Beatriz quiere comprar una bicicleta y un casco. Sabe que la bicicleta cuesta 3 veces más que el casco. Si la bicicleta cuesta 554,99 €, ¿cuánto costará el casco?

Respuesta: _____

8 Ana tiene 70,80 € y compra 4 paquetes de destornilladores por 9,45 € cada uno. ¿Cuánto le quedará después de la compra?

Respuesta: _____

9 Martín tiene 45,20 € y decide comprar 4 kits de materiales escolares reciclados a 8,90 € cada uno para su clase. ¿Cuánto le quedará después de la compra?

Respuesta: _____

10 Julia planea un viaje en coche de 350 km. Su coche consume 7,5 litros de gasolina por cada 100 km recorridos. Si el precio de la gasolina es de 1,45 € por litro, ¿cuánto gastará en gasolina en el viaje?

Respuesta: _____

11 Lucía compra 3 videojuegos que cuestan 18,75 € cada uno y paga con un billete de 100 €. ¿Cuánto cambio recibirá?

Respuesta: _____

12 Eva tiene 80,56 g de plata y usa 25,75 g en la fabricación de una joya. ¿Cuántos gramos de plata le sobrarán?

Respuesta: _____

¿QUÉ HACEMOS HOY?

Los padres de Javier van a reformar su casa y pronto tendrán la más bonita del vecindario.

1 Para reformar la cocina, los padres de Javier han comprado 15 cajas de azulejos a 12,50 € cada una y devuelven 2. ¿Cuánto gastarán en total?

Respuesta: _____

2 Javier elige pintar su habitación de azul claro. Compra 3 latas de pintura por 25,75 € cada una y 4 brochas por 3,50 € cada una. Si devuelve 1 lata, ¿cuánto gastará en total?

Respuesta: _____

3 En la reforma del baño, han contratado a un albañil que cobra 12,45 €/hora y compran materiales por 494,95 €. ¿Cuánto se gastarán si el albañil trabaja 28 horas?

Respuesta: _____

4 Si la familia de Javier aporta 5 468,13 € y sus tíos les prestan 250 € para la reforma, ¿cuánto dinero tienen para hacer la reforma?

Respuesta: _____

5 Para cambiar su salón, compran 6 lámparas por 23,04 € cada una y 4 cortinas por 15,53 € cada una. Luego, añaden 3 cuadros por 12,40 € cada uno. ¿Cuánto les costará en total?

Respuesta: _____

6 Para la renovación del jardín, han comprado 14 plantas a 4,50 € cada una y 5 bolsas de tierra a 6,14 € cada una. ¿Cuánto gastarán en total?

Respuesta: _____

7 Para el dormitorio, han comprado 7 m de papel pintado a 9,35 €
cada uno y 4 L de pegamento a 6,45 € cada uno. Luego, añaden
un marco para fotos que cuesta 15,95 €. ¿Cuál será el coste total?

Respuesta: _____

8 Deciden poner césped artificial en 20,75 m². El metro cuadrado
cuesta 13,50 € y la instalación, 2,80 €. ¿Cuál será el coste total
de poner el césped?

Respuesta: _____

9 Se han gastado 845,65 € en muebles y 615,07 € en electrodomésticos,
pero les han aplicado un descuento de 215,40 € en la compra total.
¿Cuánto se han gastado?

Respuesta: _____

10 Quieren cambiar las puertas de tres habitaciones. Cada puerta cuesta
105,25 € y la instalación, 28,50 €. Al instalar la segunda puerta, se rompió
una bisagra y compraron una nueva por 6,80 €. ¿Cuál será el coste total
del cambio de puertas, incluyendo la bisagra?

Respuesta: _____

11 Durante la obra en el baño, el fontanero reparó una tubería
por 32,75 €/hora y tardó 2,5 horas. Las piezas de repuesto costaron
12,60 € y pagaron 7,50 € adicionales por una herramienta rota.
¿Cuál fue el gasto total de la reparación?

Respuesta: _____

1 Pablo compra 3 cuadernos por 5,25 € cada uno y paga con un billete de 20 €. ¿Cuánto cambio le devolvieron?

Respuesta: _____

2 Isabel tiene 12,7 g de pegamento y usa 5,54 g para una maqueta. ¿Cuántos gramos de pegamento le quedarán?

Respuesta: _____

3 Roberto tiene 65,8 € y compra 5 figuras de acción de superhéroes por 10,43 € cada una. ¿Cuánto dinero le quedará después de la compra?

Respuesta: _____

4 Elena está organizando un pícnic y compra 4 bandejas de bocadillos, cada una por un precio de 2,36 €. Si paga con un billete de 20 €, ¿cuánto dinero recibirá de cambio?

Respuesta: _____

5 Jorge tiene 37,5 € y compra 2 cajas de galletas por 8,90 € cada una. ¿Cuánto le quedará después de la compra?

GALLETAS

Respuesta: _____

6 Julieta tiene 21,4 € y compra 5 sobres a 3,14 € cada uno. Después, compra sellos a 1,25 € cada uno y devuelve un sobre. ¿Cuánto le quedará?

Respuesta: _____

7 Miguel quiere repartir 10,95 L de vinagre en 3 botellas. ¿Cuántos litros pondrá en cada botella?

Respuesta: _____

8 Ana tiene 14,9 € y compra 2 paquetes de lápices por 5,60 € cada uno. ¿Cuánto le quedará después de la compra?

Respuesta: _____

9 Diego compra 6 botellas de agua que cuestan 2,28 € cada una. Luego, recibe un descuento de 1,45 €. ¿Cuánto pagará en total después del descuento?

Respuesta: _____

10 Belén tiene 50,5 g de tierra y usa 12,75 g para una maceta. ¿Cuántos gramos le quedarán?

Respuesta: _____

11 Carlos tiene un terreno de 50 km² y decide comprar 3 parcelas adicionales de 6,83 km² cada una. ¿Cuántos kilómetros cuadrados de terreno tendrá en total?

Respuesta: _____

12 Pilar tiene 32,9 € y compra 4 paquetes de cromos que cuestan 3,20 € cada uno. ¿Cuánto le sobrará después de la compra?

Respuesta: _____

En la realización de esta obra han intervenido:

Colaborador
Jhoan M. López - @losprofesdeciencias

Edición
Isabel M.ª Sanz

Maquetación
Isabel Pérez

Corrección
Miguel Ángel Alonso

Diseño gráfico
Patricia G. Serrano, Marta Gómez y Paz Franch

Edición gráfica
Olga Sayans

Fotógrafos
Archivo Anaya (Cosano, P., Hernández Moya, B.), iStock/Getty Images (AaronAmat, abadonian, Afonkin Yuriy, artisteer, Balogh Ferenc, beaucroft, Cheremuha, Cristian Storto Fotografia, Diana Taliun, drogatnev, Elenathewise, EyeEm Mobile GmbH, eyewave, FabrikaCr, Fernando Dias Silva, fongfong2, george tsartsianidis, Grafner, Grassetto, hatman12, Irina Gutyryak, Jirsak, kirkchai benjarusameeros, kolesnikovserg, koya79, Kuzmik_A, lentus25, Mariia Vitkovska, mawielobob, Michael Burrell, msk nina, Nerthuz, Pakhnyushchyy, pashapixel, Perfectfood, Piotrurakau, rasslava, Rawpixel, roberaten, Sandor Mejias Brito, sergeyryzhov, SerrNovik, spaxiax, Tanaonte, tanuha2001, tassapon, UmbertoPantalone, unalozmen, v_zaitsev, walterbilotta), 123RF (ivonnewierink, liudmilachernetska, sudok1).

© del texto: Grupo Editorial Bruño, S. L., 2025
© de esta edición: Grupo Editorial Bruño, S. L., 2025
   Valentín Beato, 21
   28037 Madrid

ISBN: 978-84-696-3640-4
Depósito legal: M-864-2025

Printed in Spain

Cualquier forma de reproducción, distribución, comunicación pública o transformación de esta obra solo puede ser realizada con la autorización de sus titulares, salvo excepción prevista por la ley. Diríjase a CEDRO (Centro Español de Derechos Reprográficos) si necesita fotocopiar o escanear algún fragmento de esta obra (www.conlicencia.com; 917 021 970 / 932 720 447).